Inhalt

Car-to-X - das Auto lernt sprechen

Kernthesen

Beitrag

Fallbeispiele

Zahlen und Fakten

Weiterführende Literatur

Impressum

Car-to-X - das Auto lernt sprechen

I.Zeilhofer-Ficker

Kernthesen

- Die Kommunikation von Fahrzeugen untereinander sowie mit Einrichtungen der Verkehrsinfrastruktur soll die Sicherheit auf Straßen erhöhen.
- Vorreiter sind die Telematik-Systeme im Logistikbereich, die mit vielen Zusatzfunktionen ausgestattet sind.
- Die Vernetzung der Fahrzeugintelligenz über Funk, GPS, WLAN und Internet soll die Kommunikationsmöglichkeiten von Autos einen großen Schritt voranbringen.
- Schon heute können Car-to-X-Systeme Hilfestellung bei der Unfallvermeidung geben.
- Mit Car-To-X vollzieht sich allerdings auch

eine Systemöffnung, die den Aufbau neuer Sicherheitsinfrastrukturen im Fahrzeug unerlässlich macht.

Beitrag

Unfälle und Staus - Geiseln des täglichen Verkehrs

Staus sind auf Europas Straßen ein tagtägliches Übel, das nicht nur unzählig viele Nerven kostet, sondern pro Jahr für den Verlust von einem Prozent der Wirtschaftsleistung Europas, immerhin 115 Milliarden Euro, verantwortlich ist. Doch Staus kosten nicht nur Benzin und verpesten die Luft, sie sind auch häufig genug Ursache für schwere Unfälle mit Toten und Verletzten. Da ein großer Teil der Unfälle auf menschliche Fehler zurückzuführen ist, sollen künftig vermehrt technische Hilfsmittel und Neuerungen zur Unfallvermeidung beitragen. Kaum ein Kraftfahrzeughersteller, der deshalb nicht an der Entwicklung von Fahrzeugkommunikations- und Assistenzsystemen arbeitet. Das Auto, mittlerweile sowieso schon fast ein fahrender Großrechner mit mehr als achtzig kleinen Computern, wird immer mehr zur Schnittstelle der Kommunikation unterschiedlicher Informationssysteme. (1), (2), (13)

Vorreiter ist dabei der Güterverkehr auf der Straße. Denn seit der Einführung der LKW-Maut im Jahr 2005 sind die Zugmaschinen mit Telematik-Systemen ausgestattet, die in den letzten Jahren viele Zusatzfunktionen erhielten. Die Systeme melden nicht nur die gefahrenen Autobahnkilometer an Toll Collect, sie zeigen kontinuierlich ihren Standort an. Auch Spritverbrauch, Geschwindigkeit, Drehzahl, Schaltvorgänge und Bremsbetätigungen können online abgerufen und ausgewertet werden. Die Verbindung zur Zentrale wird dabei über Funktechnik aufrecht gehalten. Die Onboard-Einheit ist mit Auftragssystem und Navigationssystem vernetzt und sorgt durch stets aktuelle Daten für eine bessere Routenplanung und weniger Leerfahrten. Auch Staus können so umfahren werden. Neuere Studien haben ergeben, dass sich dadurch im Durchschnitt etwa 5,5 Prozent Treibstoff einsparen lassen. Zusätzlich können die Kosten für die Kommunikation zwischen Fahrer, Zentrale und Kunden um bis zu vierzig Prozent gesenkt, die Auftragskapazität um bis zu zehn Prozent erhöht werden. Bei diesen Zahlen überrascht, dass in Europa lediglich 6,5 Prozent der zugelassenen Lastkraftwagen mit Onboard-Telematiksystem ausgestattet sind. (3)

Neben dem Schwerverkehr leiden auch Paketdienste besonders unter verstopften Straßen und Staus.

Durch die Analyse des Fahrverhaltens erkennen die neuen Telematik-Systeme, wenn ein Fahrer im stockenden Verkehr unterwegs ist und können entsprechende Warnungen an andere Fahrzeuge und Verkehrsleitstellen absetzen. Durch die bessere Koordination kann erreicht werden, dass bis zu 15 Prozent weniger Kilometer gefahren und zehn bis 15 Prozent Prozesskosten eingespart werden. Deshalb führen einige Zusteller mittlerweile Praxistests mit Telematik-Systemen durch. (4)

Neue Systeme für den Personenverkehr

Auch im Personenverkehr will man die neuen Car-to-X-Techniken nutzen, um Stauwarnungen möglichst frühzeitig weiterleiten zu können. Das spart nicht nur Treibstoff sondern hilft auch Unfälle zu vermeiden. Neben Anderen forscht die Fraunhofer-Einrichtung für Systeme der Kommunikationstechnik (ESK) an Car-to-X-Applikationen. Das dort entwickelte System basiert auf einem speziellen, auf Fahrzeuge zugeschnittenen WLAN in Verbindung mit GPS. Es meldet relevante Fahrzeugdaten an Kommunikationsknoten am Fahrbahnrand (so genannte Roadside Units RSU) und erhält dafür aktuelle Informationen über Staus, Unfälle oder den Straßenzustand der vor ihm liegenden

Fahrtkilometer. (5)

Ähnlich funktioniert auch das Forschungsprojekt simTD (Sichere Intelligente Mobilität Testfeld Deutschland), zu dem sich AUDI, Daimler, BMW, Opel, Ford und Volkswagen mit den Zulieferern Continental und Bosch, der Deutschen Telekom und verschiedene Universitäten und Forschungsinstituten zusammengeschlossen haben. Im bisher größten deutschen Feldversuch sind im Raum Frankfurt bis zu 400 Testfahrzeuge unterwegs, die die funkbasierte Kommunikation untereinander und mit Infrastruktureinrichtungen testen. Das Projekt wurde von diversen Ministerien des Bundes sowie vom Land Hessen gefördert. Die bisherigen Ergebnisse sollen im Oktober der Öffentlichkeit vorgestellt werden. (6), (http://www.simtd.de)

Was kann die Technik bereits?

Die Kommunikation zwischen Fahrer und Car-to-X findet derzeit noch hauptsächlich über Displayanzeigen statt. Steht beispielsweise ein Pannenfahrzeug am Randstreifen und sendet entsprechende Hinweise an die anderen Autos in Reichweite, erscheint auf dem Display ein Warnhinweis. So kann sich der Fahrer frühzeitig auf ein möglicherweise notwendiges Ausweichmanöver einstellen. Analog werden Hinweise über Staus und

Unfälle sowie Vorschläge für Ausweichrouten gegeben. Oberste Priorität hat bei den Systemen immer die Sicherheit. Denn wenn der Fahrer durch das Assistenzsystem von seiner Aufgabe abgelenkt wird, verfehlt es seinen Zweck. Der neueste Trend geht daher zur Sprachsteuerung, da eine gesprochene Information weniger ablenkt als eine Anzeige. Die Verbindung zum Internet bietet wesentlich mehr Informationen als nur Navigationsanweisungen und Warnhinweise, weshalb die Kommunikation über Sprachfunktion immer wichtiger wird. Künftig wird es möglich sein, wichtige E-Mails oder SMS-Nachrichten vom Bordcomputer vorgelesen zu bekommen. Auch eine Diktierfunktion wird es geben. Diese Dienste sind vor allem für Geschäftswagen interessant, weil sie die Fahrzeit endlich nutzbar machen. Steht ein Fahrzeug im Stau, kann man die Steuerung vorübergehend an das Assistenzsystem übergeben und in der Zwischenzeit im Internet surfen oder Emails beantworten. Das System kann auch dafür sorgen, dass der Wagen abgebremst und auf die Standspur geleitet wird, sollte der Fahrer überraschend nicht mehr reagieren können. Selbstverständlich wird gleichzeitig ein Notruf abgesetzt. Die Vernetzung mit dem Smartphone ermöglicht zusätzliche Dienste. So kann das Fahrzeug per Handy auf- und zugeschlossen oder die Klimaanlage aktiviert werden, sodass die gewünschte Innenraumtemperatur erreicht ist, wenn der Fahrer zum Fahrzeug zurück kommt. (6), (7), (11)

Die Kommunikation der Fahrzeuge untereinander (Car-to-Car) dient darüber hinaus dem Informationsaustausch über Fahrzeugdaten, Straßenzustand, Verkehrsdichte, Hindernisse und so weiter. Die Aktualität von Warnhinweisen kann damit wesentlich verbessert werden. Denn bis zu zehnmal pro Sekunde senden die Fahrzeuge ihre Daten an die anderen Verkehrsteilnehmer. Staus werden sofort erkennbar und können vermieden werden. (5)

In Kombination mit den diversen Sensoreinrichtungen können Unfallgefahren erkannt werden, noch bevor sie sichtbar sind. Nähert sich beispielsweise während eines Linksabbiegemanövers ein schlecht erkennbares Fahrzeug, das ebenfalls mit Car-to-X ausgestattet ist, kann das System warnen und sogar den Bremsvorgang auslösen, um eine Kollision zu vermeiden. Denkbar ist auch eine Warnung vor Kindern oder anderen Fußgängern, wenn diese per RFID-Chip als Verkehrsteilnehmer zu identifizieren sind, noch bevor der Fahrer sie sehen kann. (10), (11)

Auch in der Car-to-X Kommunikation des Fahrzeugs mit Infrastruktureinrichtungen liegen interessante Möglichkeiten. So wird in Ingolstadt die Kommunikation zwischen Fahrzeug und Verkehrsampeln getestet. Das Fahrzeug erhält

Meldungen über geplante Ampelschaltungen und kann so errechnen, mit welcher Geschwindigkeit gefahren werden muss, um immer grünes Licht zu haben. Oder der Fahrer wird frühzeitig und eindringlich gewarnt, wenn Gefahr droht, dass eine rote Ampel überfahren wird. Praktisch ist auch die automatische Reservierung und Bezahlung von Parkplätzen oder Tankrechnungen. (8), (9)

Was steht noch im Weg?

Viele dieser Funktionalitäten werden schon bald als Sonderausstattung beim Neuwagenkauf verfügbar sein. Erwiesen ist, wenn erst ein beträchtlicher Anteil von Fahrzeugen mit Car-to-X-System auf unseren Straßen unterwegs ist, könnten sich die Unfallzahlen erheblich reduzieren. Aber wie bringt man die Käufer dazu, die Technik zu kaufen, damit die Assistenzsysteme nicht nur den Oberklassefahrzeugen vorbehalten sind? Sollte man Car-to-X möglicherweise sogar als Sicherheitsausstattung vorschreiben? (2)

Car-to-X - egal ob als Pflicht- oder Sonderausstattung - muss derzeit noch gravierende Akzeptanzprobleme überwinden. Wie bei diversen elektronischen Kommunikationstechniken ist die Frage des Datenschutzes nicht ausreichend geklärt.

Technisch kann das Car-to-X-System beispielsweise sämtliche Wege detailliert nachzeichnen und damit problemlos nachvollziehen, wo man sich überall bewegt hat. Hier muss dafür gesorgt werden, dass keinerlei langfristige Datenspeicherung und unbefugte Weitergabe erfolgt. Im Zuge der Diskussionen um Datenschutz- und Datensicherheit muss zudem absolut sichergestellt sein, dass eine feindliche Übernahme des Fahrzeugcomputers von außen unmöglich ist. Denn sonst ließen sich künftig unsere Autos schlimmstenfalls als "Mordwerkzeuge" nutzen. Eine entsprechende Abschirmung ist im Luftfahrtbereich durch strenge Vorschriften bereits verwirklicht. Für die Fahrzeugbauer müssten dieselben Vorgaben gelten. (12), (13)

Hauptproblem, das es zu überwinden gilt, ist allerdings die Hemmschwelle einer "Maschine" die Kontrolle zu überlassen. Das Autofahren ist eine komplexe Aufgabe, die den Intellekt und die Entscheidungsfähigkeit eines Menschen unbedingt erfordert. Manchmal macht es aber durchaus Sinn, wenn die Technik eingreift, um eine falsche Entscheidung oder Einschätzung notfalls zu korrigieren. Hier müssen noch Ängste der Menschen schrittweise abgebaut werden, um die Akzeptanz dieser Assistenzsysteme zu erhöhen. (7)

Trends

Integrierte Systemsicherheit gewinnt an Bedeutung

Hatte man es im Fahrzeugbau bisher weitgehend mit isoliert betriebenen Systemen zu tun, gilt es nun auch hier vernetzte, kritische Infrastrukturen zu schützen. Mit "Car-To-X" vollzieht sich eine Systemöffnung, die den Aufbau neuer Sicherheitsinfrastrukturen im Fahrzeug unerlässlich macht. Die Themen "eingebettete Sicherheit", Netzwerksicherheit, Cloud-Sicherheit, digitale Identitäten und Schutz der Privatsphäre gewinnen im Zusammenhang mit "Car-to-X" nochmals eine neue Bedeutung, sind doch vertrauenswürdige und manipulationssichere IT-Systeme die Basis für die Akzeptanz dieser Technologien bei den potentiellen Käufern. Essentiell für die Unternehmen sind in dem Zusammenhang natürlich auch der Produkt- und Know-how-Schutz. Car-To-X wird die Anforderungen an das Kompetenz- und Technologie-Profil der Branche in den nächsten Jahren stark verändern. (13)

Fallbeispiele

Audi connect nennt der Ingolstädter Autobauer seine Strategie zur Vernetzung von Fahrzeugen mit der Umwelt. Schon seit 2006 läuft ein Testprogramm zur Kommunikation zwischen Autos und Ampeln. Basierend auf aktuellen Ampeldaten wird die optimale Geschwindigkeit vorgeschlagen, mit der der Fahrer grüne Ampeln erwarten kann. Bis zu 20 Prozent weniger CO_2-Ausstoß ist allein damit zu erreichen. Außerdem kooperiert Audi mit Google, um die Verknüpfung von Navigationsanweisungen mit Aufnahmen von Google Earth oder Bildern aus Google Street View zu ermöglichen. (7)

BMW hat im Mai 2011 einen Linksabbiege-Assistenten vorgestellt. Mithilfe von Car-To-X kann ein Fahrzeug, das beabsichtigt links abzubiegen, auf eine Entfernung von 250 m erkennen, wenn sich ein verdeckter Verkehrsteilnehmer nähert. Setzt das Fahrzeug den Abbiegevorgang trotzdem fort, bremst der Assistent, um eine Kollision zu vermeiden. Diese Funktion, die nur bei Geschwindigkeiten bis 10 km/h einsetzt, kann allerdings vom Fahrer bewusst übersteuert werden. (10)

Zahlen & Fakten

- 2,9 Millionen Neufahrzeuge wurden im Jahr 2010

in Deutschland zugelassen
- 370 000 Menschen wurden durch Unfälle auf Deutschlands Straßen verletzt
- 3 700 Menschen wurden dadurch getötet

Bis 2020 will die EU die Zahl der Verkehrstoten halbieren. Car-to-X soll hier unterstützen und erste Schritte wurden bereits initiiert. Ab November 2011 schreibt die EU das elektronische Stabilitätsprogramm ESP vor. Ein aktives Notbremssystem (Active Emergency Brake System), das eine automatische Vollbremsung auslöst, wenn der Fahrer nicht reagiert, wird in der EU ab 11/2013 für schwere Lkw vorgeschrieben. (2)

Weiterführende Literatur

(1) Wenn Autos miteinander kommunizieren
aus Welt am Sonntag, 27.02.2011, Nr. 9, S. 62

(2) Fahrzeugsicherheit - Umfrage
aus Automobil-Industrie Nr. 005 vom 13.05.2011 Seite 028

(3) Telematik - Mehr Schutz und Produktivität im Fuhrpark Mit der Implementierung von Telematiksystemen in Lkw erhöht sich die

Wettbewerbsfähigkeit der Flotte
aus Börsen-Zeitung, 14.12.2010, Nummer 241, Seite B14

(4) Navigieren mit grünem Anspruch
aus Die Presse vom 2011-03-31, Seite: F1

(5) Car-to-X-Kommunikation C2X-System auf WLAN- und GPS-Basis erhöht die Verkehrssicherheit
aus www.elektronikpraxis.de vom 07.02.2011

(6) Mobile Vernetzung - Smartphone auf Rädern
aus ProFirma, Vol. 14, Heft 04/2011, S. 60-62

(7) Infotainment Audi vernetzt sich weiter mit der realen und der digitalen Welt
aus www.elektronikpraxis.de vom 14.02.2011

(8) BMW will für freie Fahrt auf überfüllten Straßen sorgen
aus Berliner Morgenpost online, 10.02.2011, 13:48:01

(9) Internet-Anbindung Autos werden zu mobilen Multimedia-Plattformen
aus HANDELSBLATT online 04.11.2010 15:30:00

(10) Fahrerassistenzsysteme Linksabbiege-Assistent verhindert Kollisionen
aus www.elektronikpraxis.de vom 17.05.2011

(11) Weißblaue Helferlein
aus Automobil-Produktion, Heft 1/2011, S. 52

(12) Wenn Automobile miteinander reden

Perspektiven Exklusiv in BÖRSE ONLINE schreiben renommierte Finanzexperten und Investmentprofis über Börse und Geldanlage
aus Börse online vom 19.08.2010, Seite 72

(13) Verlässlich und vertrauenswürdig Mehr sichere Systeme
aus Markt & Technik, Heft 30/2011, S. 33

Impressum

Car-to-X - das Auto lernt sprechen

Bibliografische Information der deutschen Nationalbibliothek

Die Deutsche Nationalbibliothek verzeichnet diese Publikation in der deutschen Nationalbibliografie; detaillierte bibliografische Daten sind im Internet über http://dnb.d-nb.de abrufbar.

ISBN: 978-3-7379-2852-6

© 2015 GBI-Genios Deutsche Wirtschaftsdatenbank GmbH, Freischützstraße 96, 81927 München, www.genios.de

Alle Rechte vorbehalten. Dieses Werk ist einschließlich aller seiner Teile – z.B. Texte, Tabellen und Grafiken - urheberrechtlich geschützt. Jede Verwertung außerhalb der Grenzen des Urheberrechtsgesetzes bedarf der vorherigen Zustimmung des Verlags. Dies gilt insbesondere auch für auszugsweise Nachdrucke, fotomechanische Vervielfältigungen (Fotokopie/Mikroskopie), Übersetzungen, Auswertungen durch Datenbanken oder ähnliche Einrichtungen und die Einspeicherung und Verarbeitung in elektronischen Systemen.